MEMOIRE
en Images

AUDIERNE
ET LE CAP-SIZUN

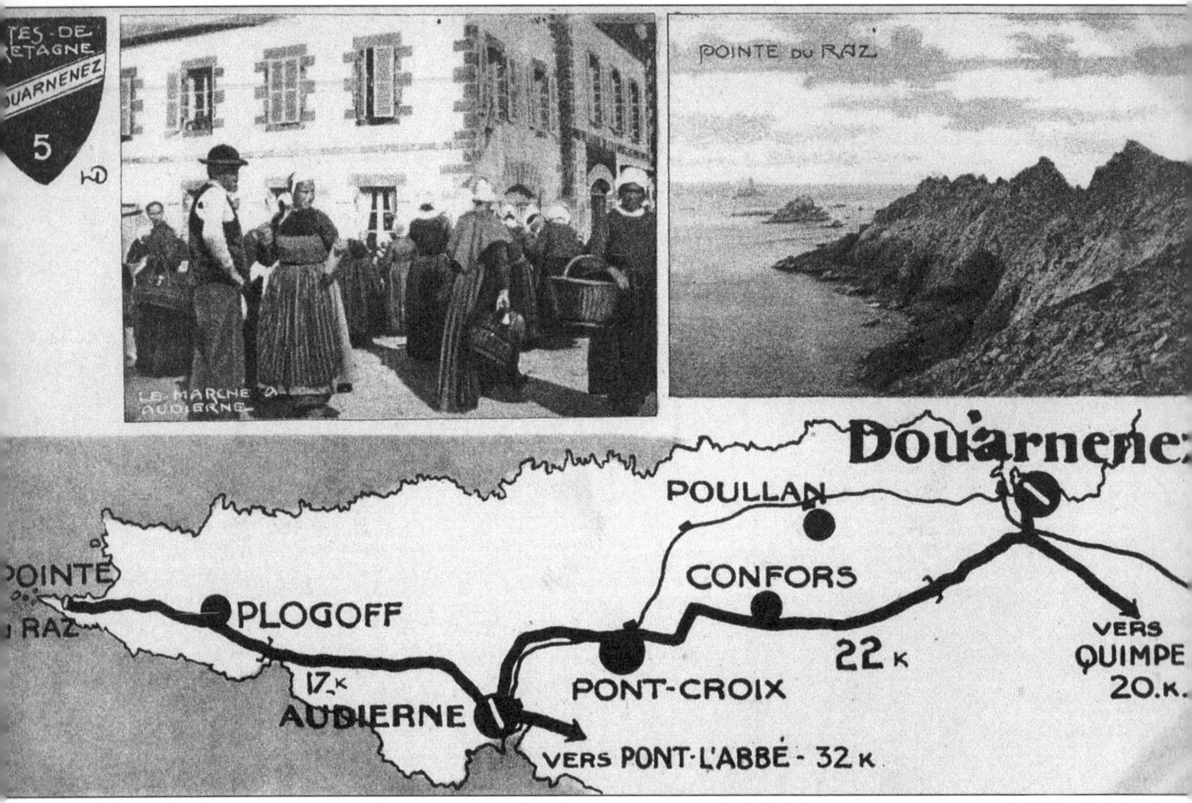

5
POINTE DU RAZ
Douarnene
POULLAN
CONFORS
POINTE
RAZ
PLOGOFF
22 K
VERS
QUIMPE
20.K.
17 K
AUDIERNE
PONT-CROIX
VERS PONT·L'ABBÉ - 32 K

MEMOIRE
en Images

AUDIERNE
ET LE CAP-SIZUN

Jacques Talbot

ALAN
SUTTON

Editions Alan Sutton
21, avenue de la République
37300 Joué-lès-Tours

Première édition juin 1997

ISBN 2-84253-060-8

Dépôt légal : juin 1997.
Imprimé en Grande-Bretagne par
Midway Clark Printing, Wiltshire.

Table des matières

Introduction 7

1. Présentation du pays 9

Plouhinec - Poulgoazec, Audierne, Esquibien, Primelin - Saint-Tugen, Plogoff, Pointe du Raz, Ile de Sein, Cléden-Cap-Sizun, Goulien - Beuzec-Cap-Sizun, Confort-Meilars - Mahalon, Pont-Croix.

2. Vie économique 59

La pêche et le cabotage, Les conserveries, Les naufrages et le sauvetage en mer, L'oeuvre des "Abris du marin", La construction navale, Le goémon, Les activités agricoles, Les marchés, Les hôtels, Le train.

3. Vie quotidienne 101

Femmes et hommes du Cap-Sizun, Les costumes, Les peintres.

4. Jours de Fêtes 119

Les bénédictions de la mer, Les pardons.

Remerciements et Bibliographie 128

Pont-Croix pittoresque
49. — Le marché aux porcs.

Introduction

Tel un doigt dirigé vers le large, le Cap-Sizun est une pointe de granit formant l'ouest de la Cornouaille, et dont l'extrémité, la pointe du Raz, est l'un des paysages les plus saisissants de cette façade de l'Europe.

Je vous invite, à travers ces quelques pages, à découvrir le pays tel qu'il se présentait au début du siècle. Partons du petit port de Pors-Poulhan, point de départ du Cap-Sizun, situé sur la commune de Plouhinec, là un monument de René Quillivic, l'enfant du pays, marque la séparation avec le pays Bigouden.

Dirigeons-nous vers le bourg de Plouhinec et, descendons au port de Poulgoazec, avec ses vieilles maisons de marins-paysans des XVIIe et XVIIIe siècles. De l'autre côté du Goyen, nous trouvons Audierne, pôle maritime du Cap-Sizun, riche en histoire. Au XVe siècle, une flottille de bateaux partait de ce port pour faire du commerce avec Nantes, Bordeaux, l'Espagne et les Flandres : poissons séchés contre épices, vins et diverses marchandises.

Poursuivons la côte vers l'Ouest, voilà Esquibien, puis Saint-Tugen dont le donjon de la chapelle, émerge de la verdure. Après le bourg de Primelin, passons le Loch, puis Plogoff et Lescoff : nous voici à la pointe du Raz. C'est au début de ce siècle que les hôtels y font leur apparition, en même temps que les touristes.

En face, on distingue l'île de Sein. Cette annexe du Cap-Sizun émerge à peine des vagues ; alors, gare aux déferlantes. On se souvient encore de la tempête de 1919, quand il a fallu grimper sur les toits, pour échapper aux flots déchaînés.

Remontons maintenant en direction de Douarnenez, nous croisons les communes de Cléden-Cap-Sizun, Goulien et Beuzec-Cap-Sizun. Plus au Sud, Meilars et son église située à Confort, où se tenait au printemps, un important marché aux chevaux ; c'était le jour ou l'on mangeait les premières cerises.

Passons par Mahalon et terminons notre promenade par la capitale du Cap : Pont-Croix. Cette ville était le centre d'attraction du monde agricole de la région. Sa foire bimensuelle constituait le rendez-vous incontournable de la paysannerie du Finistère-Sud.

Les artistes n'ont pas été les derniers à découvrir la région pour en faire leur lieu de villégiature. Très tôt, des voyageurs attirés par le bout du monde occidental, ont décrit les paysages, les costumes et les moeurs du pays. Mais c'est vers la fin du XIXe siècle que les artistes français, européens et américains arpentent la contrée (Matisse, Renoir, François Bazin, Léon Bellemont, Fernand Legout-Gérard, Henri Royer, Lionel Floch pour ne citer que ceux-là), se croisent, et se retrouvent au hasard des petits ports qui jalonnent la côte.

Au travers de ces photographies jaunies par les années, vous verrez une région, riche de trésors archéologiques, dotée d'un patrimoine architectural et religieux important, qui a conservé une forte identité culturelle et où les femmes et les hommes sont confrontés à un environnement parfois hostile. Mais que ce Cap-Sizun est beau sous ses couleurs de bruyères et de genêts, d'ajoncs et d'hortensias.

"*Et partout la bruyère est pourpre, l'ajonc d'or, le roc rose, le ciel d'azur et la mer bleue*", José Maria de Heredia.

I

Présentation du pays

Plouhinec - Poulgoazec

Pors-Poulhan est la frontière entre le pays Bigouden et le Cap-Sizun. Aujourd'hui, un monument de René Quillivic marque cette séparation.

Pour des raisons stratégiques, le magnifique dolmen de Pors-Poulhan fut dynamité en 1942 par des artificiers allemands : il entravait la visibilité. Sa reconstitution date de ces dernières années.

De vocation plutôt agricole, Plouhinec est la patrie de René Quillivic, sculpteur, graveur et céramiste de grand talent.

En poursuivant la côte depuis Pors-Poulhan, nous arrivons au petit port de Poulgoazec. Le village a des origines très anciennes. Au XVème siècle, des pêcheries et sécheries de poissons y ont été créées.

En descendant vers le pont, les deux belles villas qui se dressent face au port d'Audierne, sont, aujourd'hui, telles que sur cette carte, mais que de changements autour.

Derrière le *Zénith*, bateau courrier de l'île de Sein, se trouvent le quartier de Pen ar Marchad et la conserverie Jean Hénaff. Cette usine est aujourd'hui en ruine, un projet immobilier de remplacement est en cours.

Audierne

Le pont reliant les communes de Plouhinec et Audierne n'existe que depuis 1856. Avant, le transport de marchandises devait se faire par Pont-Croix, ou plus rapide, mais ô ! combien plus périlleux par mer agitée, en utilisant la barque du passeur.

En 1725, cinquante-deux personnes revenant du pardon de Saint-Tugen furent noyées, la barque ayant coulé.

Un bac fonctionna quelques temps, vers 1840, mais ce service fut supprimé en 1849 : le bac avait été submergé deux fois. Le chantier du pont tant attendu commença en 1854.

En 1856, il fut ouvert à la circulation à péage. Cette servitude gênante est supprimée deux ans plus tard, par la commune qui rachète la concession. Admirez la dextérité de ce *sloop* pour passer ce pont à la voile.

Le pont ouvrant de ces dernières cartes postales n'est pas le premier, mais le second ; il a existé jusqu'en 1927. Plus haut, on peut voir le château de Locquéran, propriété, à l'époque, de la famille Delécluse.

La famille Delécluse avait acquis la terre de Locquéran, dans la seconde moitié du XIXe siècle. Deux frères, Amédée et Emile exploitaient une usine de transformation de cendres de goémon. La prospérité de l'entreprise permit à Emile de faire construire le Château de Keristum et à Amédée celui de Locquéran.

Ci-dessus, le salon du château de Loquéran. La situation financière de l'entreprise familiale durement concurrencée par les engrais en provenance du Pérou, obligea Amédée Delécluse à transformer Locquéran, en hôtel pour clientèle aisée.

Ici, une chambre à coucher du château. L'exploitation fut ruineuse : Henri, fils d'Amédée et sa famille, émigrèrent en Amérique en 1914. La propriété fut vendue et acquise par la ville d'Audierne pour abriter d'abord l'hospice, ensuite un collège technique. En 1936, la ville de Créteil y installe sa colonie de vacances.

En face du château de Locquéran se trouve la gare d'Audierne. Ce cliché date d'avant 1912, la gare comporte trois voies. Pour l'ouverture de la ligne Pont-l'Abbé-Audierne, deux voies supplémentaires seront créées par remblaiement de l'anse du Stum.

En remontant le Goyen de quelques dizaines de mètres, apparaissent le quartier du Stum et l'usine à soude de la famille Delécluse. Sur la hauteur, le château de Keristum fait presque face à celui de Locquéran.

Construit en 1877, le château d'Emile Delécluse abrite, aujourd'hui, la colonie de vacances de la ville du Mans.

Après le pont, la ville d'Audierne et son port apparaissent bien calmes. En cet après-midi du début du siècle, la flottille de pêche est au travail.

Cet attelage se dirige vers le pont, “le Quai” est aujourd’hui le quai Anatole France.

Quelques années plus tard, l’électricité a fait son apparition. Le bâtiment abritant le bureau de tabac se glisse entre l’hôtel-restaurant et la maison avec le balcon terrasse. Ce bureau de tabac est toujours là !

Le petit mur qui délimitait la place, est encore bien présent dans la mémoire des gens du pays : il ne fut démoli qu'en 1956, circulation automobile oblige !

Il est midi, la soupe fume dans toutes les barques. Un vendeur de journaux propose les dernières nouvelles. Nous sommes en 1889.

Quelques personnes descendent la route qui mène à la pointe du Raz. Au milieu, se trouve un lavoir couvert ; à cet endroit il y a, aujourd'hui, un restaurant.

L'omnibus de Quimper à la pointe du Raz, fait toujours escale à Audierne. Ici, devant la buvette-charcuterie Kerloch, les voitures à cheval croisent les véhicules à moteur.

Ce cliché de la ville d'Audierne date du tout début du siècle. On aperçoit, sur la hauteur, le clocher de l'église Saint-Raymond.

Saint Raymond Nonnat est le patron de la paroisse d'Audierne. Cette église fut construite dans les douves d'un ancien château, qui se trouvait sans doute, à l'emplacement actuel du cimetière, dans le quartier du Castel.

Après la messe du dimanche, la foule descend la rue du Château. Les femmes portent le costume traditionnel, les fillettes, au premier plan uniquement, la coiffe "pen-sardin".

C'est le jour du marché, sur la place devant l'hospice. L'enseigne sur la maison à gauche, annonce : *John Grossley chirurgien-dentiste tous les samedis*. A droite, on peut choisir ses boutou-koat.

A l'emplacement de ce qui est, aujourd'hui, un port de plaisance, les chaloupes sardinières étaient alors alignées, bien serrées, le long du quai. Au premier plan, avec sur sa coque une ancre de marine précédant l'immatriculation, se trouve le bateau pilote.

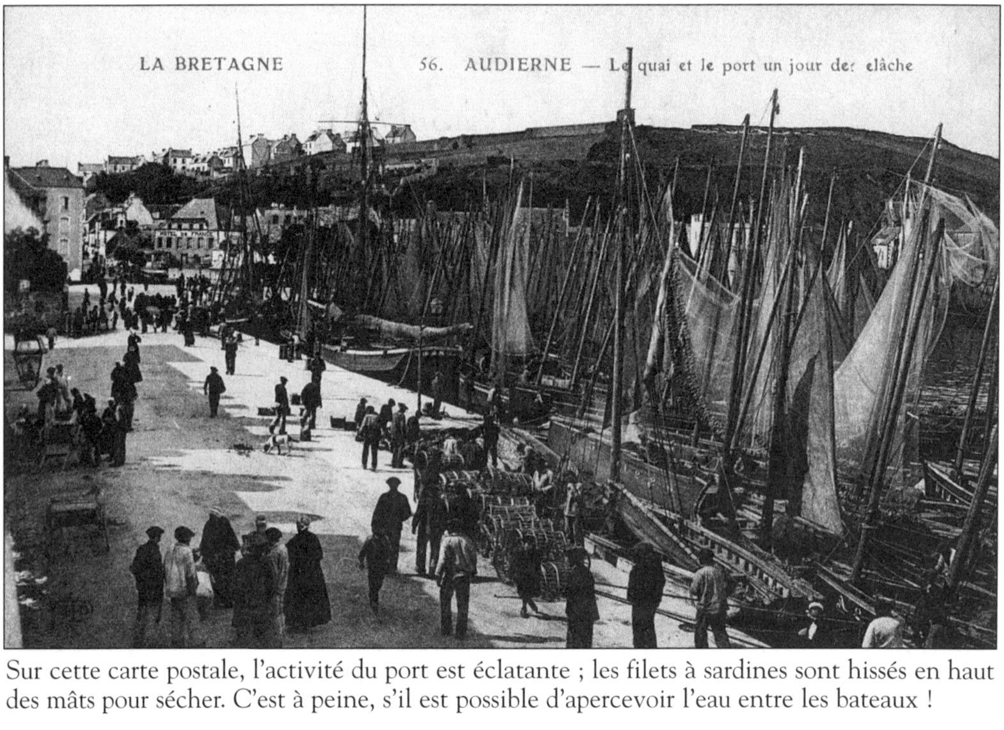

Sur cette carte postale, l'activité du port est éclatante ; les filets à sardines sont hissés en haut des mâts pour sécher. C'est à peine, s'il est possible d'apercevoir l'eau entre les bateaux !

Regardez sur la gauche de cette carte postale, c'est l'usine Beziers, aujourd'hui transformée en un célèbre restaurant à Audierne : le Goyen.

En face de la friterie Béziers, un splendide trois-mâts est pavoisé pour la fête de la bénédiction de la mer.

Plus loin sur le quai, la procession de la bénédiction de la mer, fait route vers le môle du Raoulic. Elle passe là, devant l'ancien abri du canot de sauvetage.

Sur ce cliché, pris du côté de l'Abri du marin, quelques chaloupes arrivent de Poulgoazec à la rame. Le port de Poulgoazec n'assure pas un mouillage sécurisant, lors des coups de vent d'ouest ; cela favorise celui d'Audierne, mieux abrité.

L'Abri du marin d'Audierne inauguré en 1901, est vendu en 1956, à un particulier. La bâtisse, transformée en maison d'habitation, a peu changé depuis cet après-midi de 1902. Les marins sont dehors en attendant le départ pour la pêche du soir. Le vieux môle qui la prolonge, date de 1766.

Devant la passerelle de halage quelques chaloupes, bout à terre, viennent échouer sur la grève des Capucins. Ce sont principalement, les bateaux étrangers au port d'Audierne, qui accostent à cet endroit.

Surplombant la passerelle, la propriété des Capucins, fut construite en 1657 par Vincent du Ménez, seigneur de Lézurec à Saint-Tugen. L'église du couvent était sous le vocable de saint Nicolas. Les pères Capucins y habitèrent pendant un siècle.

Les bâtiments servirent de prison pendant la révolution. Plus tard, le domaine fut vendu comme bien national.

Voici la route de la plage, ou plutôt, le chemin menant du centre d'Audierne au Raoulic.

La construction du chemin de halage et du môle du Raoulic a débuté en 1843. Quelques passants y circulent tranquillement. Trois jeunes filles font de la dentelle. Le chemin de halage a toujours été fort prisé des promeneurs.

Le petit phare de Kergadec, mis en service en 1887, fut construit en tôle ; c'était le temps où Gustave Eiffel, montait la tour qui allait le rendre célèbre. En 1900, la tôle fut remplacée par de la maçonnerie.

Trescadec et son phare également mis en service en 1887, fut, lui, construit en pierre, avec les matériaux provenant de l'ancien fanal des Capucins et des amers érigés sur la dune.

Ces deux phares représentaient, au départ, le summum de la technologie du XIXème siècle finissant : fonctionnement à lampes à becs multiples, alimentées à l'huile de pétrole de premier choix.

Le phare est aujourd'hui à la même place, sur le boulevard longeant la plage, avec quelques maisons autour. La carte postale ci-dessus, prise au début des années 1950, préfigure l'aspect actuel de l'endroit.

Sur ce cliché, on se rend compte de l'alignement des deux phares. Trescadec et Kergadec avaient pour tâche de donner aux navires, l'alignement de la passe de l'Ouest, puis de l'entrée du port, grâce au secteur rouge du Raoulic. Cet alignement devait être maintenu, jusqu'en 1930. Electrifiés en 1931 et devenus clignotants, ils remplirent leur office jusque dans les années 1970.

Au premier plan, les brûleurs de goémons s'activent ; quelques cyclistes roulent sur la plage.

Esquibien

En continuant notre promenade vers l'Ouest, nous rencontrons maintenant, la commune d'Esquibien.

Menant d'Esquibien à Saint-Tugen, le petit chemin creux à Penfrat, ne manque pas de charme. Une Capen lave son linge, assistée de ses enfants.

Primelin - Saint-Tugen

Saint-Tugen, vue générale de la descente de Custrein, dans un beau massif d'arbres et de verdure.

La chapelle de Saint-Tugen, joyau du Cap-Sizun datant de 1535, est due à René du Ménez, seigneur de Lézurec.

Vue du manoir de Lézurec, vers 1910. Le manoir, depuis tombé en ruine, a été rénové au début des années 1980.

Selon la tradition, une personne mordue par un chien enragé, devait effectuer trois fois le tour de la chapelle, trois fois celui de la fontaine, puis regarder au fond. L'image de son propre visage assurait la guérison, mais l'image du chien le mettait en danger de mort.

Saint Tugen, puissant intercesseur, guérit des rages de dents et protège des chiens enragés. Pour les Capistes, il était le seul rempart contre la rage, avant la découverte de Pasteur.

L'abbé Yves Velly (1848-1933). Cet ancien missionnaire en Haïti, fut le gardien et le restaurateur de la chapelle ; il a publié une monographie sur saint Tugen. Le succès de la brochure fut tel que sept éditions furent imprimées entre 1914 et 1933 !

En continuant notre route vers la pointe de Raz, nous voilà maintenant au port du Loch.

Les jeunes s'amusent avec une plate, près de Karek-Fily, au Loch, avant de devenir marins.

Plogoff

C'est le jour du pardon de Notre-Dame de Bon-Voyage, la chapelle est trop petite pour contenir tout le monde et les Capistes suivent la messe de l'extérieur. C'est en 1698 que Jean-Baptiste de Tréanna, seigneur de Kérazan en Cléden, décida de construire la chapelle.

A l'époque de cette carte postale, Plogoff ne pouvait se douter que quelques dizaines d'années plus tard, la commune deviendrait célèbre pour sa lutte antinucléaire, et un symbole pour écologistes !

Près du village de Lescoff, que domine son beau moulin, une Capen conduit sa vache au pâturage. Les murs de pierres sèches délimitent les champs.

Refuge des langoustiers, le port de Bestré sert également d'embarcadère pour l'île de Sein. Son aspect aujourd'hui a peu changé, une esplanade plus grande a été construite, mais l'endroit a gardé le cachet unique des petits ports du Cap-Sizun.

Pointe du Raz

Extrémité de l'Europe, la pointe de Raz est considérée comme le passage le plus dangereux des côtes de France. Juste devant, le phare de la Vieille éclaire les marins. Au loin, on peut apercevoir l'île de Sein.

Surplombant l'océan, le sémaphore veille sur la sécurité des gens de mer. Ce cliché date des années 1900.

Devant le sémaphore veille la statue de Notre-Dame des Naufragés, oeuvre de Godesky inaugurée lors du pardon de 1904.

La pointe et ses rochers tourmentés ont toujours attiré les touristes. La pierre plate sur laquelle est assis ce marin, est baptisée "Fauteuil de Sarah Bernhardt", depuis que l'artiste y a posé son célèbre postérieur !

Entre la pointe de Raz et la pointe de Van, nous trouvons la baie des Trépassés. D'après la légende, c'est dans cette baie que la mer rejetait les corps de marins, dont le navire se brisait sur les roches de Sein.

En parlant de l'endroit, Paul Féval écrivait dans Contes de Bretagne : *"Partage égal : à nous l'argent, les marchandises, à nous l'eau-de-vie ! A la mer les cadavres !* " En breton, cet endroit s'appelle "boae an Aon" (baie de la Vallée), mais certains ont préféré "boae an Anaon" (baie des Trépassés), appellation plus mélodramatique.

La pointe du Van domine la baie des Trépassés de ses hautes falaises. Sur un escarpement de la pointe, la chapelle de Saint-They veille sur le large. D'après la légende, lorsqu'une barque est en danger, saint They passe pour que sonne la cloche de la chapelle.

La fontaine de Saint-They a la réputation de calmer les douleurs rhumatismales. Le pardon du premier dimanche de juillet, permettait aux malades de se tremper dans le bassin pour obtenir la guérison. L'une des niches de l'édicule est occupée par la statuette du Saint, l'autre l'était, autrefois, par un galet oblong dressé sur sa pointe.

Ile de Sein

A 8 km de la pointe de Raz, il y a une dernière terre habitée : l'île de Sein. Sur cette carte postale, le port, face au quai des Iliens, est bien calme, la mer est haute.

Bâti en 1938 et détruit par l'armée allemande, le phare a été reconstruit en 1945. Il fait face à la chaussée de Sein, relayé par Ar-Men. Des îliennes brûlent le goémon pour obtenir la soude, d'où l'on extrayait l'iode.

Le bout du quai des Paimpolais en 1909. On distingue, entre les deux bâtiments de l'Abri du marin, la rampe de lancement du canot de sauvetage et son abri, créé en 1905.

Le mât-signal, qui se trouvait à droite de l'Abri du marin sur la carte postale du haut, est remplacé par un petit phare vers 1910, carte du bas.

Toute la population de l'Ile (plus de 1 000 habitants en 1900, environ 200 aujourd'hui) suit la procession, drapeau bleu-blanc-rouge en tête.

Le travail de la soude était réservé aux femmes. Les pains de soude pèsent près de 40 kg ! Mais pas question de les aider pour les hommes, qui sont occupés à réparer leurs casiers.

Les langoustiers de Sein sont au repos. Presque tous sont du type "sloop non ponté", sans moteur, d'un tonnage de 4 à 15 tonneaux, que les Iliens manoeuvraient avec dextérité, entre les écueils de la Chaussée de Sein.

Devant l'hôtel Quéré, les tables sont installées et le personnel est prêt pour accueillir les clients.

Ar Men, le phare du bout du monde. C'est à l'extrémité de la Chaussée de Sein, sur la dernière roche baptisée Ar Men, que commença en 1867 le chantier du phare. Les conditions de travail extrêmement pénibles, expliquent qu'il fallut près de 32 ans pour achever la tour.

L'hiver, lorsque la mer est difficile, la relève des gardiens est aléatoire. Il n'est pas rare que les veilleurs demeurent bloqués des semaines, sans être ravitaillés.

Cléden-Cap-Sizun

Après avoir vu Sein, notre route nous mène vers l'Est : voilà Cléden-Cap-Sizun. Cette carte postale aérienne des éditions Lapie, nous présente une intéressante vue du bourg dans les années 1950.

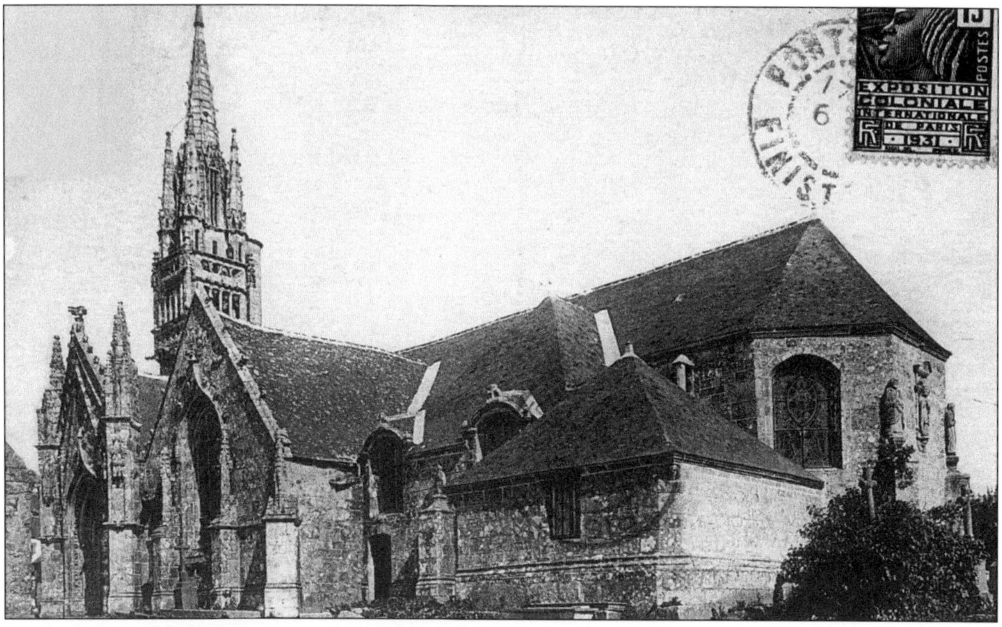

L'église de Cléden-Cap-Sizun est placée sous le vocable de Saint-Clet. La flèche gothique de son clocher est inspirée de celui de Pont-Croix.

Goulien - Beuzec-Cap-Sizun

Deux Capens entourées de leurs enfants, posent devant l'église de Goulien. Ce menhir est une stèle, dont les origines sont celtiques. Nous pouvons trouver un équivalent à ce mégalithe, sur la commune de Plonéour-Lanvern.

Ces deux femmes, devant l'église de Beuzec-Cap-Sizun, ne portent pas la coiffe. L'église Saint-Budoc de cette carte postale, a été incendiée en 1936 ; sa reconstruction put se faire, en partie, avec les anciens matériaux récupérés lors de la démolition.

Confort-Meilars - Mahalon

Magnifique cliché de Confort : le marché aux chevaux, qui se tenait autour de la chapelle, attirait beaucoup de monde dans la commune. La chapelle Notre-Dame de Confort, possède une des rares roues à carillon en Bretagne. Aujourd'hui encore, nous pouvons entendre le son de ses douze clochettes.

Au milieu de la route reliant Douarnenez à Audierne, la jeunesse du pays entoure un grand-père portant encore le “bragou-braz”.

Le costume porté par cette fermière de Mahalon n’était utilisé que dans un périmètre très restreint, entre Cap-Sizun, Quimper et Douarnenez.

Pont-Croix

Pont-Croix, capitale du Cap-Sizun, a gardé quelques édifices de son lustre d'antan : l'église Notre-Dame de Roscudon, le Marquisat, les rues Chère, les entrepôts de son port (au premier plan sur cette carte postale).

La grande rue Chère est toujours pavée et bordée de vieilles maisons. C'était la voie utilisée par les Bigoudens et Plouhinécois, pour gagner la place où se tenaient les grandes foires.

La foire était bimensuelle et les acheteurs arrivaient de toute la Bretagne. Au bas de la place, autour des halles, on trouvait des porcs (carte postale de la page 6). Le marché forain se déroulait sur le haut de la place : marchands de draps et de tout objet, chanteurs de rue...

La foire est terminée ; les paysans quittent la place en char à bancs, et vont rejoindre la route nationale, après avoir longé le petit Séminaire.

A la gare après la foire, on attend le train pour y faire embarquer les bêtes achetées ou invendues.

La mairie donne sur la place qui paraît bien calme : pas de foire aujourd'hui. La mairie abritait aussi la Justice de Paix.

La procession rentre à l'église avec ses bannières, ses fillettes vêtues de blanc et ses spectateurs. On remarque, à droite et à gauche, deux marchandes de bonbons et gâteaux.

Le petit Séminaire est endormi ; ce n'est pas la clique qui s'entraîne dans la cour de récréation, qui le réveillera. Les acquéreurs sont peu nombreux pour des bâtiments si importants.

L'hôtel des Voyageurs était le rendez-vous incontournable de la gastronomie. Madame Glaoguen y recevait également, de nombreux artistes.

A Kéridreuf en Plouhinec, rattaché à Pont-Croix en 1947, on peut toujours admirer le moulin à mer sur le pont.

La rue du Quai, comme son nom l'indique, conduit au port.

Cette route tranquille nous fait quitter la ville, pour rejoindre la route d'Audierne.

II
Vie économique

La pêche et le cabotage

Le patron Guével et son fils Yves rentrent après une dure journée de pêche. Leurs fardeaux semblent bien lourds : poissons, filets, sac à pain, cirés, deux paires de boutou-kinou (sabots-bottes) par personne.

L'activité principale de ce début de siècle, était la pêche à la sardine. C'est à partir de 1750, que cette pêche prend de l'ampleur dans le Cap-Sizun, qui l'exporte alors, salée et pressée.

A l'époque de ces deux cartes postales, vers 1901, Audierne compte 5 000 inscrits maritimes, pour 600 bateaux.

Sortie du *Jeanne et Joseph*, canot ponté construit en 1930, à Pont-l'Abbé, dont le patron est Jean Plouhinec, de... Plouhinec.

Le patron Jean-Marie Priol, d'Esquibien, à la barre, rentre au port sur *Sainte-Ewete*, ainsi nommé, d'après la patronne des marins d'Audierne.

C'est l'heure de la relâche pour les sardiniers. Le repas se prend à bord entre matelots. Deux marins reviennent les bras chargés de billettes.

AU 1570, *Pêcherie Croisicaise*, *sloop* ponté acheté d'occasion au Croisic en 1930, par Vinoc Le Lay. Ce bateau naviguera jusqu'en 1940.

Vers 1900, de nombreuses chaloupes douarnenistes travaillent dans la baie d'Audierne et débarquent donc leurs poissons dans son port. Nous pouvons apercevoir quelques immatriculations *D*, parmi les *A*.

Une trentaine d'années séparent ces deux photographies. Deux bateaux débarquent leur pêche devant la criée, quelques Pen-Sardin se pressent pour leur acheter du poisson. Les coiffes en moins, cette scène se voit encore aujourd'hui, mais en face, à Poulgoazec.

La pêche aux crustacés, et plus particulièrement à la langouste, représente une part importante du travail du port d'Audierne. C'est en 1906, que l'*Aventurier,* patron Lojou, découvre les richesses langoustières de la Mauritanie ; mais les sloops d'Audierne ne suivirent guère les traces de Lojou. Les pêches mauritaniennes seront pratiquées par Camaret et Douarnenez.

Ce cliché est un des seuls documents de l'époque (vers 1920), représentant un thonier à tangons à Audierne. Cette pêche s'est développée en 1949, pour connaître son apogée dans les années 1960.

Un patron pêcheur a étalé son poisson sur le quai, pour la vente. Il y a bien plus de badauds que de raies, ce n'est pas ce jour-là qu'il fera fortune !

Pour le carénage d'un caboteur, ces hommes utilisent un fagot de lande enflammé, piqué sur une longue fourche. Cette opération sert à supprimer les tarets, ainsi que le coaltar usagé de la coque. Nous sommes sur la grève, près du pont.

A gauche, on peut voir l'usine Rio-Le Gall et à droite, la "friterie en bois" Le Bour. Douze hommes s'escriment à la tâche, le long du kilomètre du chemin de halage. Pour entrer ou sortir les navires de gros tonnage, il fallait soit les haler, soit les remorquer à la rame.

Après la guerre 1914-1918, les gros caboteurs de 50 à 70 tonneaux, remontaient le *Goyen* jusqu'à Pont-Croix. Actuellement, aucun bateau de haute mer ne peut arriver au pont, à cause de l'ensablement du port. De plus, le pont ne s'ouvre plus, depuis bien longtemps !

Dans les parages du Raz du Sein, la pêche à la langouste se pratique au casier cylindrique en lattes de châtaigniers. Bien qu'aujourd'hui les pêcheurs professionnels préfèrent le plastique, ces casiers sont toujours fabriqués artisanalement. Sur cette carte postale, quelques marins s'activent dans le petit port de Bestré.

Aujourd'hui, qui s'aventurerait à la voile, dans ces parages ?

Les conserveries

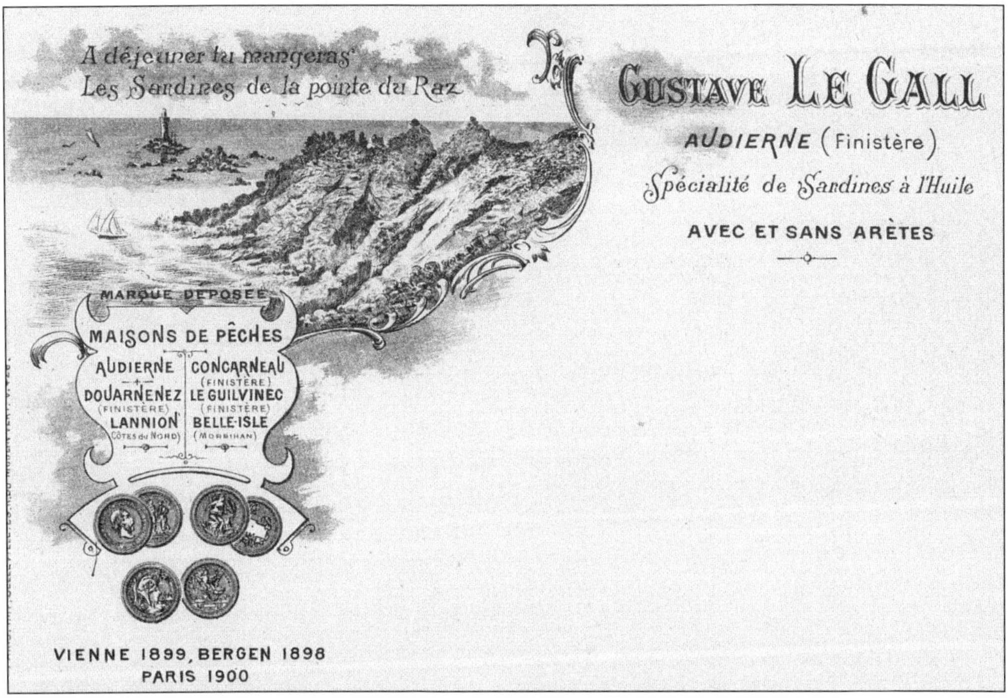

Au début du siècle, Audierne comptera jusqu'à dix-neuf usines, huit en 1945 et seulement deux en 1963. Combien aujourd'hui ?

Vue de l'entrée du port d'Audierne, prise depuis l'usine Coop. En face, au-dessus de l'Abri du marin, se trouve l'usine Pellier-Frères, première friterie de l'industrialisation d'Audierne (1872).

La cour de l'usine Coop est bien calme, les séchoirs à poisson sont bien rangés, en attente de l'arrivée des sardines.

L'usine des coopératives d'Audierne fut bâtie au lieu-dit *Roz Ar Voalès*, aujourd'hui rue Jean-Jacques Rousseau, entre la ville et la mer. En 1902, elle était exploitée par Saupiquet, puis par Carnaud. Achetée par la Coop après la première guerre mondiale, elle comptait alors environs cent ouvrières. Trois générations de Kervévan se succéderont à sa direction.

Travail essentiellement saisonnier, les conserveries emploient une main d'oeuvre féminine, formée sur le tas.

Les femmes s'occupent de la fabrication, un travail très dur, mais il y a cependant de la gaieté et un esprit d'entraide entre toutes ces Pen-Sardin.

Cette industrie avait un aspect artisanal, les boîtes de conserves étant fabriquées sur place, dans un petit atelier d'emboutissage.

Si les femmes sont intérimaires, le personnel permanent de l'usine se compose d'hommes : employés, chauffeurs, autoclavistes... Sur cette carte postale, Guillaume Kervévan, le fondateur, pose pour le photographe, en surveillant le bon déroulement des opérations d'autoclave. Les boîtes sont mises à bouillir pour assurer la conservation.

Les naufrages et le sauvetage en mer

Une chaloupe de pêche drossée à la côte, le 14 septembre 1906. Sur cette carte photo de Victor Giffard, on distingue le mât Fenoux, du Raoulic. Le mât Fenoux se compose d'une aile indicatrice mobile dirigée du côté où le bateau qui rentre au port doit gouverner. Il existe tout un code pour assister les navires, par exemple, si l'aile est horizontale, avec un ballon hissé au bout de la flèche, cela signifie : il n'y a pas assez d'eau. Par mauvais temps, le seul refuge pour les bateaux, était de se rendre le plus vite possible dans le port d'Audierne. Malheureusement, ce port a le triste privilège d'être doté d'une barre, banc de sable provoqué par les courants, qui rend l'entrée du port périlleuse. La nécessité d'une station de sauvetage apparut bien vite.

Naufrage du *Bessel*, en novembre 1912. Une tentative de renflouement effectuée à l'époque échoua, et on dut procéder à sa démolition sur place, avec des explosifs.

Quatre heures du matin le 3 février 1933, les habitants d'Audierne sont sortis de leur sommeil par les sirènes d'un bateau en détresse. Le cargo danois l'*Estrid* vient de s'échouer à Lervilly. Sa cargaison d'oranges répandue sur la côte, qui fit le bonheur des enfants, est encore bien présente dans la mémoire des anciens.

Naufrage du vapeur *Hélène* à l'île de Sein.

1906 : un grand canot se disloque contre le môle, devant une foule énorme de marins, venus assister, le coeur serré, à l'agonie du navire. Le bateau de sauvetage, désormais inutile, est sur la plage.

POINTE du RAZ
GRAND SITE NATIONAL

STATIONNEMENT
AUTO / CAMPING-CAR

Tarif : E

Nº 134732

Trésorerie d'AUDIERNE

Imprimerie du Cap - Pont-Croix

e de Poulgoazec, patron Goyat, se présente près du môle. Le canot éventualité.

Avant la construction de la station de sauvetage de Sainte-Evette, décidée en 1931, mais inaugurée en 1951, c'est à l'intérieur du port que se trouvait l'abri du *Général Beziat*, modeste bateau de 10,10 mètres, monté par 10 rameurs. A chaque alerte, le canot devait sortir du port et franchir la barre, à la rame !

Lorsqu'il s'agit de porter assistance à un bateau dans les récifs avec une mer en furie, le canot ne peut intervenir. Il faut alors essayer d'établir un va-et-vient, en faisant parvenir à l'équipage, un filin lui permettant de tirer à bord le matériel nécessaire. Sur le cliché ci-dessus, on distingue au bout du fusil, la flèche qui va être tirée au-dessus du bateau naufragé, le filin léger, puis la ligne de sauvetage, garnie de bouées et de galibots de bois pour s'y agripper.

Plus puissant que le fusil, le canon porte-amarre est sur la dune de Trescadec. Près de lui, se trouve le peigne de bois, permettant de lover le petit filin. Celui-ci retourné, l'amarre est parfaitement disposée pour le tir.

René Autret, patron de l'*Amiral Roze*, canotier devenu célèbre à Audierne : 141 sorties, 233 personnes sauvées. L'historique des canots d'Audierne : en 1865, le 4ème canot de France est mis en service, sans nom, longueur 9,78 m ; en 1891, l' *Amiral Roze*, 10,10 m ; 1903, le *Général Beziat*, 10,10 m également ; vers 1945, utilisation provisoire du canot du Loch ; en 1951, le *Nadault de Buffon* , 14,50 m et, en 1989, l'*Amiral Amman*.

L'œuvre des "Abris du marin"

Après *l'Almanach du marin breton* lancé en 1899, Jacques de Thézac décide de procurer aux équipages à terre, un endroit permettant de se reposer, de se distraire et de s'instruire. Il fonde l'oeuvre en 1900, et ouvre l'abri de l'île de Sein, en décembre de la même année. Cet abri fonctionnera jusqu'en 1974. Aujourd'hui, il abrite le musée des Sénans.

L'abri d'Audierne fut construit sur la petite grève des Capucins. C'est là que la plupart des pêcheurs étrangers au port viennent échouer leurs bateaux. Il ouvrira en novembre 1901, pour fermer définitivement ses portes en 1956. Vendu à un particulier, c'est aujourd'hui, une maison d'habitation.

La construction de l'abri de Poulgoazec fut décidée en 1929, mais le montage financier de l'entreprise fut difficile. Pour clore son budget, l'oeuvre dut se résoudre à vendre l'abri de l'île-Tudy, et la construction débuta en 1932. Le travail fut confié à Jacques Le Bars, entrepreneur à Locquéran.

L'abri fut inauguré en novembre 1933, et son gardiennage, confié à Guillaume et Marguerite Quillivic. En 1943, la famille Quillivic s'étant agrandie, un local est construit dans le pignon, et la porte d'entrée est désormais, située en façade. L'abri fermera en 1985, le bâtiment sert aujourd'hui de foyer polyvalent.

Nous sommes devant l'abri d'Audierne, en 1906. Travaillant pour l'amélioration des conditions de vie des marins, de Thézac prit très tôt des initiatives en faveur de la sécurité en mer. Les gilets de sauvetage en sont un exemple.

Vers 1906, dans l'abri d'Audierne. Les équipages dorment enroulés dans leurs "kapo-braz", chaussés de leurs sabots-bottes. A cette époque, l'abri pouvait héberger jusqu'à cent quarante hommes à la fois.

La légende de cette carte postale indique : "*Un robuste athlète, disciple depuis l'âge de mousse, de l'Abri du marin de l'île de Sein*". Le cliché a été pris dans la cour de l'abri, vers 1920.

Le patron pêcheur décidait souvent, lui-même, des formes de son futur bateau, avant d'en confier le travail au charpentier. En organisant des régates de bateaux modèles, les Abris du marin, faisaient travailler les jeunes, à l'étude de la meilleure coque et du meilleur gréement pour remporter la régate.

La construction navale

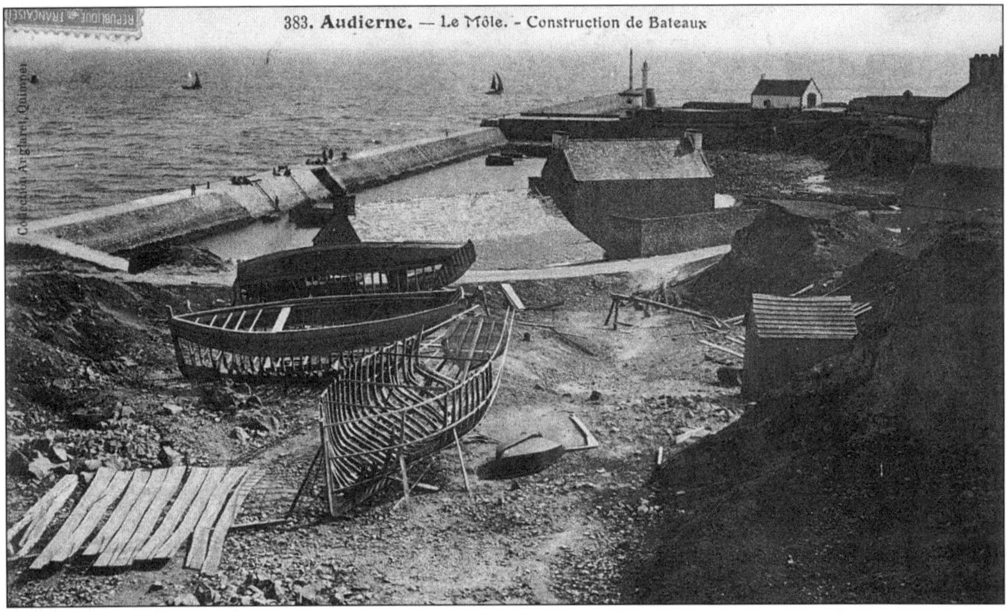

Depuis fort longtemps, Audierne possède des chantiers de construction navale. Les registres municipaux de 1792 signalent la présence d'un maître charpentier au port. C'est près de l'emplacement du chantier ci-dessus, au début du siècle, que fut construit le *Cap-Sizun*, sloop langoustier, lancé en 1991.

Dans les années 1960, Audierne comptait encore deux chantiers construisant des bateaux en bois, de 4 à 25 mètres : ligneurs, chalutiers, langoustiers... Le cliché ci-dessus a été pris aux chantiers de Locquéran, vers 1950.

Le goémon

L'exploitation des algues est une activité très ancienne dans le Cap-Sizun, en particulier à l'île de Sein, où les pieds de laminaires séchés fournissaient du combustible pour le chauffage et la cuisine. La récolte du goémon s'effectuait surtout en hiver et au printemps. Hommes et femmes participaient à ce rude travail, pour sortir le goémon de son élément.

Les plus favorisés emplissaient une charrette tirée par ce bon cheval breton, fort bien habitué à cette mer, constituant son univers.

Le ramassage du goémon est également pratiqué par les paysans, qui profitent de cette manne pour fertiliser leurs terres. Nous sommes, ici, dans la baie du Loch.

Mais l'intérêt majeur du goémon est dû à l'utilisation faite de sa cendre ; pour cela, il faut le brûler, donc le sécher. Une fois remontée sur la grève, le séchage de la récolte se fait sur la dune. Etalage au soleil le matin et mise en tas le soir, pour éviter l'humidité de la nuit, et cela, tout l'été, en attendant septembre pour le brûlage.

Le four à goémon est une tranchée creusée dans le sol, longue de cinq à huit mètres, large de quatre-vingts centimètres. Le rebord et le fond sont dallés de belles pierres de granit, avec une douzaine de séparations. On commençait à mettre de la lande, un peu de goémon sec par-dessus et le foyer était allumé.

Toute la journée, le foyer était alimenté pour obtenir le soir, un magma. Il ne restait plus qu'à le brasser à l'aide de longues piques, pour qu'il se tasse. Les blocs de soude, une fois refroidis vers cinq ou six heures, étaient retirés pour une nouvelle fournée.

Les pains de soude ont été livrés par les femmes pour le pesage (voir page 46). Ensuite, les blocs seront chargés sur une gabare, destination l'usine des frères de Lécluse au Stum, à Audierne, à moins qu'ils ne partent vers les usines de la région brestoise. Au début du siècle, un quintal de soude valait un quintal de blé. Le goémon, c'était le blé des îliens de Sein.

Les activités agricoles

C'est à partir de 1870, que les machines à battre ont fait leur apparition dans le Cap-Sizun ; avant, le travail s'effectuait au fléau. Avec cette carte postale, nous avons une belle scène de battage, dans une ferme près d'Audierne. Les chevaux font tourner le manège, qui fournit la puissance mécanique à l'ensemble. Sur la droite, les gerbes de blé sont enfournées dans la batteuse. Le grain tombe à terre et sera ramassé au râteau et au balai. Sur ce genre de petite batteuse, la paille doit être secouée à la fourche, pour en éliminer la balle et la poussière.

Une paysanne Capen conduit ses porcs à la foire de Pont-Croix. Dans toutes les fermes, il y avait quelques cochons pour la consommation familiale, et à l'occasion, deux ou trois de plus à vendre constituait une source de revenus appréciable.

Corn Butun, le vannier de Pont-Croix, est ici à l'oeuvre. La fabrication des paniers en osier représentait une activité importante. Les activités agricoles et surtout la pêche en utilisaient beaucoup.

Vers 1910, deux cultures disparaissent du Cap-Sizun : le lin et le chanvre. Ces cultures étaient d'un rapport substantiel, car toutes les femmes savaient filer et le tisserand se rendait au domicile, où il était nourri, logé et recevait un salaire de 10 sous par jour.

Les marchés

C'est jour de marché à Audierne. Les différents produits proposés sont regroupés en différents secteurs ; ici, nous trouvons le marché à la viande, dans la rue les femmes se pressent autour des boucheries. Les carcasses des bêtes sont suspendues le long des façades. Au fond, nous apercevons les charrettes du marché au bois.

Sur la place au centre d'Audierne se tient le marché au bois, fagots, bûches et billettes par pleines charretées. A cette époque, le bois constituait la principale source d'énergie pour le chauffage et la cuisine.

Pour trouver une paire de sabots neufs, il fallait se diriger vers l'angle de la place : boutou-koat en tout genre, demandez votre pointure !

Port de pêche oblige, le marché aux poissons a lieu sur le quai. Aujourd'hui encore, nous pouvons trouver, à cet endroit, quelques échoppes proposant poissons et crustacés.

Ici, nous avons une vue d'ensemble de la rue du Cap, un jour de marché. Le long du petit mur bordant la place, quelques marchands ambulants tiennent leur boutique, sous une toile.

Les hôtels

L'hôtel du Commerce s'appelait avant hôtel des Voyageurs. Cet établissement a été fondé vers 1860 par Monsieur Batifoulier, personnage imposant. Son embonpoint avait, disait-on, nécessité une large coupe en demi-cercle dans une table, pour que le plantureux propriétaire puisse s'aligner près des autres convives !

Au numéro 15 de la rue Louis Pasteur, se tient l'établissement Bosser, anciennement maison Gargadennec. Devant l'hôtel, le personnel est sorti pour voir le photographe.

L'hôtel Keradennec ouvrit quelques années après celui de Batifoulier. L'abondance et la qualité de sa table furent vite renommées, et la clientèle afflua. Cette réputation fut conservée par monsieur et madame Le Bour, repreneurs.

L'hôtel de France : quelques années plus tard, la petite cour devant l'hôtel a été démolie pour agrandir la salle du restaurant. Une terrasse accueillante permet maintenant aux touristes, de boire un verre sous les stores.

Quelques années plus tard, avec l'arrivée des voitures automobiles, le développement du tourisme obligea monsieur et madame Le Bour à agrandir leur hôtel. Aujourd'hui, les halles ont remplacé leurs garages.

HOTEL DU RAZ DE SEIN ET HOTEL DE FRANCE

AUDIERNE - POINTE-DU-RAZ

TÉLÉPHONE N° 2

LE BOUR KÉRADENNEC

Propriétaire

TÉLÉPHONE N° 2

Hôtel construit à l'extrémité de la Pointe, à 50 mètres du Sémaphore

D'AUDIERNE A LA POINTE

Service de voitures pendant les mois de Juillet Août et Septembre

3 fr. la place aller et retour

Départ d'Audierne, 8 h. 50 le matin - Départ de la Pointe 3 h. 30 *pour la correspondance du train de 5 h. 32*

Voitures particulières :

S'adresser HOTEL DE FRANCE, Audierne

Hôtel Recommandé

du T. C. F., de l'A. G. A., de l'A. C. A., de l'A. C. P.

Chambres avec vue sur la Mer

DÉJEUNER et DINER à toute heure

Arrangements pour séjour

CHAMBRE NOIRE

Grand Garage

ADRESSE TÉLÉGRAPHIQUE : LEBOUR BEC-DU-RAZ

Depuis l'époque de sa création, l'hôtel de France possède une succursale à la pointe du Raz : c'est l'hôtel du Raz de Sein.

Voici l'hôtel du Raz de Sein, terminus des voitures hippomobiles qui amènent les voyageurs depuis la gare d'Audierne.

Quelques années plus tard, les automobiles ont remplacé les chevaux. L'hôtel affiche sa modernité : "*eau courante, chaude et froide, confort moderne*".

Le train

Janvier 1894, c'est la fête à Audierne. Après 20 ans d'attente, la ligne Douarnenez-Audierne est inaugurée en grande cérémonie. La compagnie Paris-Orléans assure désormais, le trajet de Paris au Cap-Sizun, via Quimper et Douarnenez.

En 1894, la ligne desservait Poullan, Pont-Croix et faisait halte à Beuzec, uniquement pour "les voyageurs sans bagages et les chiens accompagnés" ! Trois trains, dans chaque sens, mettaient environ 50 minutes pour parcourir les 19 km 800, séparant la gare d'Audierne de celle de Douarnenez.

A l'arrivée du train, les chauffeurs des omnibus d'hôtels se précipitent pour vanter aux touristes les qualités de la maison qu'ils représentent.

A cela s'ajoutent les voituriers assurant le transport des Capistes, les uns poussant les autres. Ce qui au départ n'était que des paroles devenait rapidement cris, quand cela ne provoquait pas des empoignades verbales savoureuses.

III

Vie quotidienne

Au bord du lavoir de Locquéran, à Poulgoazec, le travail et les potins vont de pair. Aujourd'hui, ce lavoir est encore à la même place, mais la mer ne vient plus aux pieds des lavandières, une étendue de bitume l'ayant remplacée.

A quelques mètres du lavoir de la carte postale du haut, se trouvait "le petit lavoir". Ce cliché a été pris vers 1910 ; le lavoir était, à ce moment là, une simple mare alimentée par une source. Plus tard, il fut lui aussi dallé de pierres, avant d'être laissé à l'abandon, puis comblé, pour disparaître définitivement.

Près des ruines de la chapelle Saint-Jean, se trouvait là aussi un petit lavoir. L'installation est sommaire, mais l'eau y est claire !

La chapelle de Saint-Jean est située sur la rive gauche du Goyen, non loin d'Audierne, à 3 km du bourg de Plouhinec.

En ce temps là, il ne fallait pas rester inactive. La dentelle occupait les jeunes filles, pendant leurs temps libres.

Cette écolière de Plouhinec est sortie nu-pieds sur le pas de sa porte, pour poser devant le photographe.

Dans le bois de pins du château de Locquéran, vers 1905, madame Bertrande de l'Ecluse-Trévoëdal anime son atelier de dentelle. La guipure d'Irlande servait à confectionner de belles pièces, qui étaient utilisées pour les toilettes de cérémonie, mais aussi par les couturiers parisiens.

Quand les friteries ne les employaient pas, fillettes (à partir de 13 ans) et jeunes filles de Plouhinec et d'Audierne allaient ainsi s'initier à ce travail délicat. Une débutante touchait environ 5 sous par jour, 1 franc et plus après quelques mois.

Les Motiveuses, plus âgées, travaillaient sur les motifs et pouvaient gagner jusqu'à 14 francs par semaine. Les femmes mariées ne travaillaient pas à l'atelier, mais à domicile, car madame de l'Ecluse leur recommandait de rester chez elles, pour s'occuper de leur ménage.

A l'ombre de l'église Saint-Raymond, quelques femmes font de la dentelle en discutant. Une autre descend les marches de l'escalier, les bras chargés de billettes.

Si les cartes postales de l'époque représentent toutes du travail artisanal, Audierne abritait plusieurs manufactures d'industrie dentellière. Les filets brodés, couvre-lits, stores ou devant-de-cheminées, sortaient des usines Marzin-Brusq ou Lannou.

Sur le quai, les femmes papotent et les loups de mer flânent. Les anciens devraient reconnaître quelques unes de ces personnes, la photo date des années 1950.

Nous sommes en hiver, en 1913. Les hommes ramendent des filets à maquereaux, dans l'atelier de l'Abri du marin de l'île de Sein.

Les mousses d'Audierne portent déjà, le large béret des marins du Cap-Sizun.

Cette réunion politique se déroule à Saint-Tugen, vers 1930. Les hommes sont en costume de ville : l'habit traditionnel masculin a déjà pratiquement disparu du Cap-Sizun.

Les militants posent devant l'épicerie Danzé. Les anciens pourront peut-être reconnaître quelques personnes : monsieur Cornillot, monsieur Desgrés du Lou, Jean Jadé, Jacques Le Bars, Yves Guillou, Alain Masson, Isodore Cléac'h...

C'est jour de fête pour les petits et les grands : le cirque Perie a installé son chapiteau sur la place du marché.

Le spectacle n'est pas habituel, ce n'est pas tous les jours que des éléphants déambulent sur le quai !

Les costumes

Le capot noir des Capen est celui des anciennes femmes. Le style de cette coiffe se retrouve dans la plupart des régions de France.

Plus typique du Cap-Sizun, la coiffe Capen reprend l'allure du capot ci-dessus, mais elle est blanche et les ailes sont remontées. Les ailes sont portées rabattues, lorsque la femme est en deuil.

Avec le travail en usine, dû à l'industrie sardinière, la coiffe Pen-Sardin fit son apparition. C'est une réduction commode de la coiffe Capen.

Cette jeune fille d'Esquibien porte sa toilette de cérémonie.

La Jubilinen, coiffe de l'île de Sein, est très proche du capot originel, porté par presque toute la France.

La couleur noire a donné lieu à bien des développements romantiques. Est-ce le deuil éternel des veuves de l'île, ou fut-elle adoptée définitivement, après l'épidémie de choléra de 1886 ? Il serait plus juste de l'expliquer par l'isolement de l'île et du farouche attachement aux traditions.

Ces jeunes filles de Goulien portent la coiffe à cornette de cérémonie. Une telle tenue de gala nécessitait beaucoup de travail de la part du tailleur. En raison du coût élevé de ces tenues et de la baisse de la symbolique qui les entourait, les costumes de cérémonie furent les premiers à disparaître.

Le maire de Confort en "bragou-braz", au début du siècle. En 1925, un chapeau comme celui de monsieur le maire coûtait 14 francs et une casquette 40 sous. La pauvreté fit abandonner à certains leurs costumes ; la richesse incita d'autres, à revêtir le costume de ville.

Les peintres

Les activités du port, et en particulier la pêche sardinière, ne manquent pas de pittoresque. Les flottilles au port composent de merveilleux tableaux, nuances infinies de bleus, de gris. Les peintres affluent dans le Cap-Sizun.

Henri Royer au travail à Saint-Tugen.

Les artistes sont fascinés par cette terre si sauvage, où les paysages sont si grandioses. En 1896, Henri Matisse séjourne à Pont-Croix et à Beuzec : "*Je n'avais que des bistres et des terres sur ma palette (...). Et bientôt je fus séduit par l'éclat de la couleur pure. Je revins de mon voyage avec la passion des couleurs de l'arc-en-ciel.*". Renoir va à la pointe du Raz. En 1897, Silva peint ses amis portugais sur le mur de l'hôtel des Voyageurs, à Pont-Croix. Au début du siècle, Léon Bellemon a son atelier à Locquéran. Citons encore : Henri Royer, Fanch Kersual, Gaston Bouillon, les Belges Huchlenbruk, Evenboel et de Groux. En 1923, Lionel Floch est receveur de l'enregistrement à Pont-Croix, ses amis sont nombreux à lui rendre visite : Jean Moulin, Max Jacob... Les oeuvres de tous ces peintres témoignent de leur passage en Cap-Sizun, dans les musées et galeries de Bretagne, de France et du monde.

"*Sur les roches du Loch*" (Henri Royer).

"*L'arrivée du poisson en Bretagne*" (Paul-Marie Vigoureux).

"*La fontaine miraculeuse*", vue prise par Paul Pascal.

"*Le catéchisme*" (Léon Bellemont).

IV

Jours de fêtes

Les bénédictions de la mer

Les bénédictions de la mer avaient lieu dans tous les ports. A Audierne, elles attiraient chaque année, une foule importante. Les hommes suivent la procession, tête nue.

La bénédiction avait lieu en mer, en général, à bord du canot de sauvetage, qui passe ici, devant Poulgoazec, avec à son bord le clergé.

Cette année-là, vers 1900, monseigneur l'évêque de Quimper est venu, en personne, à bord de l'*Amiral Roze*. Remarquez l'équipage du canot qui a endossé des flotteurs de sauvetage.

Quelques années plus tard, c'est à bord du tout nouveau canot, le *Général Beziat*, que s'effectue la bénédiction.

Les pardons

Un autre événement attendu à Audierne était le pardon de Saint-Joseph. Sur le quai, les enfants marchent en tête, portant fièrement leurs bannières.

Sur le quai de Poulgoazec, la foule est venue pour le pardon de Saint-Julien. A l'écart de cette animation, des marins observent la scène, assis devant l'Abri du marin d'Audierne.

Au pardon d'Esquibien, les jeunes filles en blanc marchent en tête, portant la statue de la Vierge. Derrière, suivent les femmes, puis les hommes. Contrairement aux clichés précédents, il y a très peu de spectateurs.

Le grand pardon de Saint-Tugen a toujours lieu, le dimanche qui précède la fête de Saint-Jean. Pour l'occasion, des centaines de pèlerins venaient de toutes les paroisses voisines ; on y remarquait les costumes de Quimper, Fouesnant, Châteaulin et même, quelques uns du Morbihan.

A la pointe du Raz, la grande fête était celle du pardon de Notre-Dame des Naufragés. A gauche, des tentes ont été montées pour abriter les pèlerins. De l'autre côté, les marchands de souvenirs proposent leurs babioles, dans de petites échoppes bâchées.

Devant l'hôtel le Bour-Keradennec, les évêques bénissent la foule. En retrait, un photographe immortalise la scène, juché sur une voiture.

1904 : c'est l'inauguration de la statue de Notre-Dame des Naufragés. Des sapins ont été apportés pour la décoration, des drapeaux tricolores flottent au vent.

Quelques années plus tard, la foule, dévotement, s'incline pour la bénédiction du Saint Sacrement. On peut juger sur ce cliché, du nombre de personnes qui se déplaçaient pour cette occasion. A l'époque, qui se souciait des méfaits du piétinement de la foule sur le site ?

Pour finir sur un petit air de musique, voici les “sonneurs du Mardi Gras” : Yann Kerloc’h (Dall) et son neveu par alliance, Louis Guéguen dit Jean Pouf. Yann Kerloc’h, aveugle dès l’enfance, est né à Plouhinec, en 1876.

DE
AUDIERNE
RECEVEZ
CE PORTE BONHEUR

Bibliographie

Ar Vag, B. Cadoret, D. Duviard, J. Guillet, H. Kérisit, Ed. de l'Estran, Douarnenez, 1984.
Finistère-Sud : guide, Ed. Gallimard, 1995.
Guide des Fontaines guérisseuses du Finistère, P. Audin, Ed. Maisonneuve et Larose, Paris, 1983.
Quand bringuebalait le train youtar, S. Duigou, Ed. Ressac, 1984.
Les pêcheurs bretons et les Abris du Marin, F. Tanter, Ed. SKED, 1995.

Autres sources :
Le Cahier de monsieur Abjean, notice sur Saint-Tugen, R. Moullec, A.S.P.R. de Primelin.
Tourisme en Cap-Sizun, bulletin de l'office du tourisme du Cap-Sizun.
Bulletins municipaux d'Audierne.
Articles parus dans : *Ouest-France* et *le Télégramme*.

Remerciements

Toutes les personnes qui ont contribué à la réalisation de ce livre (prêts de cartes postales, témoignages et conseils) sont chaleureusement remerciées.
Je remercie en particulier : Jean-Jacques Doaré, Clet Moalic, Roger Nadan.
Parmi ces photographies figurent des clichés des années 1930 de monsieur Emile Guibourg, chirurgien-dentiste à Audierne.
Merci encore à tous.